M. N!

ISBN 1-870029-30-5

Currit magh liorish yn Çheshaght Ghailckagh 2004

Published by Yn Çheshaght Ghailckagh 2004

MANX IS FUN!

A NEW COURSE IN MANX GAELIC FOR THE BEGINNER

Manx Version: Paul Rogers

*Based on **'Welsh is Fun'** by Heini Gruffudd, MA and Elwyn Ioan*

HOW TO USE THIS BOOK

1. If you are interested in learning Manx then this book will give you a fun and easy start. The lessons will give you Manx to use in lots of different situations.

2. After going through each lesson do the exercises and make up your own sentences with the words you have learnt. Don't give up!

3. Use your Manx wherever you can; it's surprising how many people speak Manx! Practice is the key to learning a language, so go to classes, events, anything where there are Manx speakers and try out your Manx.

4. If you have problems understanding, say:
    Abbyr shen reesht - Say that again.
    Ta mee gynsaghey Gaelg (ta mee ginzakha gilg)
    - I am learning Manx.

5. There are other books and courses that you can study if you want to improve your Manx such as 'Abbyr Shen' or First Lessons in Manx, which can be found in local bookshops or ordered through Yn Çheshaght Ghailckagh. (The Manx Language Society).

Basic Pronunciation

The spelling of Manx is often irregular and the pronunciation is not always obvious. There are certain rules that can help the learner however. Most letters are pronounced as in English but some represent special sounds found only in Gaelic languages.

aa - like the English 'air' but without the 'r'. This will be represented by the symbol: 'æ'.

b - usually like English 'b' but sometimes like 'v' in the middle of words.

ch - at the beginning of words, as in Scottish 'loch'. I have used 'kh' to show this sound in this book.

çh - as in 'church'.

d - usually like English 'd' but sometimes like 'th' in 'the' in the middle of words.

dh - like English 'd'.

eay - usually like 'ee-a' but sometimes like 'ay' in 'day'.

ey - usually at the end of words, this is pronounced like the 'a' in 'about', it is also pronounced like the 'yu' in 'yuk'. I represent this with 'uh'.

gh - at the beginning of words, like a gargled 'g' sound similar to 'ch' in Scottish 'loch' but with voicing. At the end of a word 'gh' is always like 'ch' in 'loch', in the middle of a word it is like 'ch' or left out completely.

s - like English 's' but when double and in the middle of words it sounds like 'z' or 'th' as in 'the'.

sh - like English 'sh' but like the 's' in 'pleasure' when in the middle of a word. I have written this sound as 'zh'.

th - like English 't'. 'Th' as in 'thin' does not exist in Manx.

In the lessons the pronunciation is given in brackets with the stressed syllables underlined.

Ny Lessoonyn

The Lessons

Lessoon Nane
(Lesson 1)

BANNAGHTYN
(Greetings)

1

Moghrey mie.
(*morra my*)
Good morning.

Failt ort.
(*falch ort*)
Welcome.

2

Fastyr mie.
(*fasta my*)
Good afternoon/evening.

3

Kys t'ou?
(*kiss ta-oo*)
How are you?

4

Feer vie, gura mie ayd.
(*fee vy gura my ed*)
Very well, thank you.

5

Mie dy liooar.
(my duh l-yoor)
OK. [Good enough]

6

Ersooyl lhiat!
(ersool l-yat)
Get lost!

7

Trooid stiagh.
(trood schakh)
Come in.

8

Slane lhiat!
(sledn l-yat)
Goodbye!

Dorrys

Lessoon Nane   BANNAGHTYN

Moghrey mie *(morra my)*	-	Good morning
Fastyr mie *(fasta my)*	-	Good afternoon/evening
Kys *(kiss)*	-	How
Mie *(my)*	-	Good
Feer	-	Very

In Manx, you have to change the words when you speak to more than one person. It is also more polite to use the plural forms. The singular forms should be used with friends or people younger than you.

Failt ort	-	Welcome (one person)
Failt erriu *(falch erroo)*	-	Welcome (plural)
Gura mie ayd *(gura my ed)*	-	Thank you (one person)
Gura mie eu *(gura my eh-oo)*	-	Thank you (plural)
Kys t'ou?	-	How are you? (one person)
Kys ta shiu?	-	How are you? (plural)

Trooid stiagh *(trood schakh)*	-	Come in
Tar stiagh *(tar schakh)*	-	Come in (one person)
Tar-shiu stiagh *(tar shoo...)*	-	Come in (plural)
Slane lhiat *(sledn l-yat)*	-	Goodbye (one person)
Slane lhiu *(sledn l-yoo)*	-	Goodbye (plural)

CLIAGHTEY – PRACTICE

Say and translate these sentences

Trooid stiagh	
Kys t'ou?	
Mie dy liooar, gura mie ayd	
Moghrey mie	
Ersooyl lhiat	
Feer vie	
Fastyr mie	
Slane lhiat	

Lessoon Jees
(Lesson 2)

YN EMSHYR
(The Weather)

1

Moghrey mie.
(morra my)
Good morning.

Grian
(green)

Edd →

2

T'eh braew.
(tay bra-oo)
It's fine.

Yn traie.
(un tra-ee)
The beach.

3

Ta, dy jarroo.
(tæ duh jarroo)
It is indeed.

Y keayn.
(uh keedn)
The sea.

4

T'eh ceau fliaghey nish.
(tay k-ya-oo fl-yah nish)
It's raining now.

Fascadagh
(faskæ-thakh)

5 **T'eh feayr agglagh.**
(tay feear ahglakh)
It's awfully cold.

6

T'eh braew çheh.
(tay bra-oo chay)
It's fine and hot.

Geinnagh
(gen-yakh)
Sand

7

T'eh bodjallagh.
(tay bojalakh)
It's cloudy.

8 **Oie vie eisht.**
(ee vy esh)
Good night then.

Lheiney
(l-yayn-ya)
Shirt

Lessoon Jees   YN EMSHYR

T'eh *(tay)*	-	It/he is
Feayr *(feer* North, *foor* South)	-	Cold (Note the different pronunciations on the Island)
Çheh *(chay)*	-	Hot
Braew çheh *(brow chay)*	-	Fine and hot
Agglagh *(ahglakh)*	-	Awful

You can put **agglagh** *after an adjective to intensify it, e.g.:*

Feayr agglagh	-	Awfully cold
Çheh agglagh	-	Awfully hot

Ceau fliaghey *(k-yow fl-yah)*	-	Raining (lit. 'throwing rain')
Bodjallagh *(bodjalakh)*	-	Cloudy

Oie *(ay* North, *ee* South)	-	Night
Oie vie *(ee vy)*	-	Good night
Eisht *(esh)*	-	Then

CLIAGHTEY – PRACTICE

Say and translate these sentences

Moghrey mie	
T'eh feayr	
T'eh ceau fliaghey	
T'eh braew	
Oie vie	
T'eh bodjallagh	
T'eh feayr agglagh	

Lessoon Tree
(Lesson 3)

SY THIE-LHIONNEY
(In the Pub)

1 **By vie lhiam pynt my sailliu.**
(ba vy l-yam pint ma sal-yoo)
I'd like a pint please.

Stoyl
(stohl)

Dooinney
(dun-ya)
Man

2 **Shen daa phunt my sailliu.**
(shen dæ funt ma sal-yoo)
That's two pounds please.

Gura mie eu.
(gura my eh-oo)
Thank you.

Oasteyr
(ohstayr)
Landlord

Glonney
(glon-ya)
Glass

3
Ta'n lhune feer vie.
(tan l'yoon fee vy)
The beer is very good.

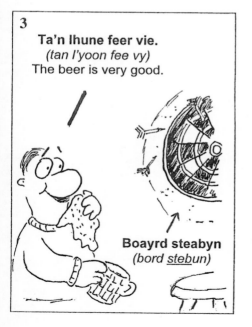

Boayrd steabyn
(bord stebun)

4
T'eh giu ram!
(tay g-yoo ram)
He's drinking a lot!

Tudjeen
(tu-jeen)

5

Ta'n aile çheh as ta mee blah.
(tan isle chay az ta mee blah)
The fire is hot and I am warm.

Jaagh
(jækh)
Smoke

Caair
(care)

6

Pynt elley as paggad dy lhiannagyn-praase my sailliu.
(pint el-ya az paggud duh l-yanagun præs ma sal-yoo)
Another pint and a packet of crisps please.

7

T'ee bwaagh!
(tee bwoy-akh)
She's pretty!

T'eh graney!
(tay græ-na)
He's ugly!

By vie lhiat jough?
(ba vy l-yat jawkh)
Would you like a drink?

8

Ha ha! T'eh scooyrit!
(ha ha tay scoorit)
Ha ha he's drunk!

Cha nel mee scooyrit!
(ha nel mee scoorit)
I'm not drunk!

Stroin
(strawn)
Nose

Lessoon Tree　SY THIE-LHIONNEY

Thie-lhionney *(tie l-yonna)*	-	Pub, alehouse
Lhune *(l-yoon)*	-	Beer, ale
Ta'n lhune…	-	The beer is…
Aile *(isle)*	-	Fire
Blah *(blah)*	-	Warm
Ta mee	-	I am
Cha nel mee *(ha nel mee)*	-	I am not
T'eh *(tay)*	-	He is
T'ee *(tee)*	-	She is
As *(az)*	-	And
Pynt *('pint' as in English)*	-	A Pint
Jough *(jawkh)*	-	A drink
Elley *(el-ya)*	-	Other, another
Pynt elley *('pint' el-ya)*	-	Another pint
Giu *(g-yoo)*	-	Drinking
Ram	-	A lot
Scooyrit *(skoorit)*	-	Drunk, intoxicated
My sailliu *(muh sal-yoo)*	-	Please (plural, polite)
My sailt *(muh salch)*	-	Please (singular, familiar)

1 – **Nane** *(næn)*	**Un phunt** *(un funt)*	6 – **Shey** *(shay)*	**Shey punt**
2 – **Jees**	**Daa phunt** *(dæ funt)*	7 – **Shiaght** *(shakh)*	**Shiaght punt**
3 – **Tree**	**Tree punt**	8 – **Hoght** *(hokh)*	**Hoght punt**
4 – **Kiare** *(k-yæ)*	**Kiare punt**	9 – **Nuy** *(nuh-ee)*	**Nuy punt**
5 – **Queig** *(kweg)*	**Queig punt**	10 - **Jeih** *(jy)*	**Jeih punt**

CLIAGHTEY – PRACTICE

Say and translate these sentences

T'eh blah	
Daa phunt	
Jough elley	
Ta mee scooyrit	
Ta'n thie-lhionney çheh	
T'eh giu ram	

Lessoon Kiare
(Lesson 4)

Y GLEASHTAN
(The Car)

1

Nod shiu cur daa ghalloon dy phedryl dou my sailliu?
(Nod shoo cur dæ ghal<u>oon</u> duh <u>fed</u>rul dow ma <u>sal</u>-yoo)
Can you give me 2 gallons of petrol please?

Queeyl

2

Shen kiare punt as tree feed ping.
That's four pounds sixty pence.

3

Shoh diu queig punt.
(shoh d-yoo kweg punt)
Here's five pounds.

Vel shiu geearree ushtey as ooill?
(vel shoo <u>geeree</u> <u>ush</u>cha az oo-il)
Do you want water and oil?

4

Cha nel gura mie eu, agh by vie lhiam aer ayns ny boynyn.
(ha nel <u>gura</u> my eh-oo akh buh vy l-yam air uns na <u>bown</u>-un)
No thank you, but I would like some air in the tyres.

5

Vel shen kiart dy liooar?
(vel shen k-yart duh l-yoor)
Is that OK?

CORKILL

Ta, whooinney!
(tæ wun-ya)
Aye, yessir!

6

Ta'n neen shoh shirrey heiss gys Laksey.
(tan neen shoh shirra hice gus laksa)
This girl is looking for a lift to Laxey.

Foshlit
Open

7

Ta mee goll trooid Laksey!
I'm going through Laxey!

8

Ta ny meoiryn-shee çheet!
(Ta na merun shee chit)
The Police are coming!

Bannee mee!
Oh dear!

Lessoon Kiare — Y GLEASHTAN

Shoh...(shaw)	-	Here is.../This is...
Shen...	-	There is.../That is...
Shoh diu (shaw d-yoo)	-	There you are (plural and polite)
Shoh dhyt (shaw dut)	-	There you are (one person)
Y ... shoh (uh ... shaw)	-	This ...
Y ... shen	-	That ...
Nod shiu cur dou? (nud shoo kur dow)	-	Can you give me?

Inneen	-	Girl	**Goll**	-	Going
Galloon (galoon)	-	Gallon	**Çheet** (chit)	-	Coming
Ushtey (ushcha)	-	Water	**Gys** (gus)	-	To
Ooill (oo-il)	-	Oil	**Ayns** (uns)	-	In
Aer (air)	-	Air	**Y/yn** (uh/uhn)	-	The (singular)
Pedryl	-	Petrol	**Ny** (nuh)	-	The (plural)

Here are the numbers 10 – 100. Note how they are made up of twenties and tens.

10 – Jeih (jy)	60 – Tree feed
20 – Feed	70 – Tree feed as jeih
30 – Jeih as feed	80 – Kiare feed
40 – Daeed (died)	90 – Kiare feed as jeih
50 – Jeih as daeed	100 – Keead (keed)

CLIAGHTEY – PRACTICE

Say and translate these sentences

Ta mee cur ooill ayns y ghleashtan	
Y gleashtan shoh	
Nod shiu cur ushtey dou?	
Ta mee goll gys Doolish	
Vel shen kiart dy liooar?	

Lessoon Queig
(Lesson 5)

SY THIE-OAST
(In the Hotel)

1

Fastyr mie.
(fasta my)
Good evening

Lioar
(l-yor)

Kishtey
(kishcha)

2

By vie lhien tannaghtyn ayns shoh noght.
(buh vy l-yin tanakh-tin uns shoh nokh)
We would like to stay here tonight.

3

Ta shiu anmagh!
You're late!

Clag

4

Cha nel dy jarroo! Ta shin moghey!
(ha nel duh jarroo ta shin maw-uh)
No indeed! We are early!

Ooreyder
(oo ruh der)

5

By vie lhiu shamyryn singil?
(ba vy l-yoo <u>shæ</u>murun sing-gil)
Would you like single rooms?

Cha by vie lhien, by vie lhien shamyr da jees.
(ha buh vy l-yin buh vy l-yin <u>shæ</u>mur dæ jees)
No, we would like a double room.

6

Shen queig punt as feed y pheesh.
That's 25 pounds each.

7

Hmm, gowmayd shamyr hingil, er lhiam.
(<u>gow</u>-mij <u>shæ</u>mur <u>hing</u>-gil er l-yam)
Hmm, we'll take a single room I think.

8

T'ad sy lhiabbee nish, skeoigh as blah!
(tad sa <u>l-ya</u>vee nish sk-yukh az blah)
They're in bed now, snug and warm!

Lhuishag
(l-<u>yi</u>zhag)
Blanket

Lessoon Queig   SY THIE OAST

Ta shin	-	We are
Ta shiu	-	You are (plural or sing. polite)
T'ad	-	They are
Cha nel shin	-	We are not

By vie lhiam	-	I would like
By vie lhiat *(buh vy l-yat)*	-	You would like
By vie lesh	-	He would like
By vie lhee *(buh vy l-yee)*	-	She would like
By vie lhien *(buh vy l-yin)*	-	We would like
By vie lhiu	-	You would like (plural)
By vie lhieu *(buh vy l-yeh-oo)*	-	They would like

By vie lhiat?	-	Would you like?
Cha by vie lhiam	-	I would not like
Nagh by vie lhieu?	-	Wouldn't they like?

You can answer questions such as these like this:

By vie *(buh vy)*	-	Yes
Cha by vie *(ha buh vy)*	-	No

thie-oast	-	hotel	tannaghtyn	-	to stay
anmagh	-	late	moghey	-	early
noght	-	tonight	*(maw-uh)*		
lhiabbee	-	bed	shamyr	-	room
(l-yah-vee)			y pheesh	-	each
ayns shoh	-	here	singil	-	single

CLIAGHTEY – PRACTICE

Say and translate these sentences

Ta mee moghey	
By vie lhiu tannaghtyn ayns shoh?	
By vie lhiam lhiabbee hingil	
Vel mee anmagh?	
By vie lhiam tannaghtyn	

Lessoon Shey
(Lesson 6)

Y BARROOSE
(The Bus)

1

Vel y barroose çheet?
(vel uh baroos chit)
Is the bus coming?

**Cha nel.
Ta'n barroose anmagh.**
(ha nel. tan baroos anmakh)
No. The bus is late.

Pemmad

2

Raad

Vel eh çheet nish?
(vel ay chit nish)
Is it coming now?

Ta, fy-yerrey hoal.
(tæ, fa yerra hall)
Yes, at long last.

3

Vel oo goll gys y traie?
(vel oo gul gus uh try)
Are you going to the beach?

Cha nel, ta mee goll gys y valley.
(ha nel ta mee gul gus uh val-ya)
No, I am going to the town.

4

Tiggad gys y traie as tiggad gys y valley.
A ticket to the beach and a ticket to the town.

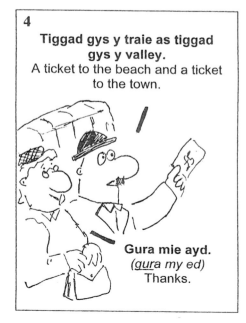

Gura mie ayd.
(gura my ed)
Thanks.

5

Tiggad dhyt hene as da dty charrey?
(tiggud dut heen az dæ duh kharra)
A ticket for yourself and for your friend?

She, daa higgad.
(shay, dæ higgud)
Yes, two tickets.

6

Quoid t'ad?
(kwud tad)
How much are they?

Punt dy lieh.
(punt duh lay)
One pound fifty.

7 **Cre ass t'ou?**
(kre ass tow)
Where are you from?

Rhumsaa. Cre ass t'ou hene?
(rumzæ kre ass tow heen)
Ramsey.
Where are you from yourself?

Creneash
(krenaysh)
Cregneash

8

Vel mee er y varroose kiart?
(vel mee air uh varoos k-yart)
Am I on the right bus?

Ta.
(tæ)
Yes.

Lessoon Shey   Y BARROOSE

Vel mee?	-	Am I?
Vel oo?	-	Are you?
Vel eh?	-	Is he?
Vel ee?	-	Is she?
Vel shin?	-	Are we?
Vel shiu?	-	Are you? (plural)
Vel ad?	-	Are they?

She can mean "yes" in some situations but usually to say YES or NO you have to repeat the verb of the question. In this case **Ta** *(Yes) and* **Cha nel** *(No).*

Fy-yerrey (hoal) *(fuh yerra hall)*	-	At (long) last
Gys y/Dys y *(gus uh / dus uh)*	-	To the
Tiggad	-	Ticket
Carrey *(karra)*	-	Friend
Punt dy lieh *(punt duh l-yay)*	-	A pound and a half = £1.50
Ny	-	Or
Ping	-	Penny
Cre ass t'ou/ta shiu?	-	Where are you from?
Ta mee ass…	-	I am from…
Kiart *(k-yart)*	-	Right/Correct
Kiart dy liooar	-	Alright/OK (Right enough)

CLIAGHTEY – PRACTICE

Say and translate these sentences

Quoid t'eh?	
Ta'n barroose çheet	
Cre ass t'ou?	
T'eh er y varroose kiart	

Answer yes or no to these questions:

Vel mee anmagh?	
Vel oo sy lhiabbee?	
Vel eh ayns shoh?	
Vel ee çheet?	

Lessoon Shiaght
(Lesson 7)

SY ÇHAPP
(In the Shop)

ben
woman

cooat
coat

jingan
jam

eeym
(eem)
butter

By vie lhiam...
(buh vy I-yam)
I would like...

Cur dou...
(kur dow)
Give mee...

caashey
punt dy eeym
pynt dy vainney
da phunt dy hugyr
kuse dy ooylyn
poagey dy phraaseyn
carradjeyn
bwilleen dy arran
stainney dy awree
stainney dy vraddan...

...my saillt.
(muh salçh)
Please.

caashey
(kæzha)
cheese

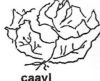

caayl
(kæl)
cabbage

braddan
(brathan)
salmon

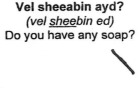

corranyn bwee
bananas

Vel sheeabin ayd?
(vel sheebin ed)
Do you have any soap?

sollagh
(solakh) ➡
dirty

bainney
(*ban*-ya)
milk

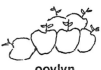

ooylyn
apples

shugyr
sugar

pishyryn
peas

carradjeyn
(*ka*rajun)
carrots

Hey whooinney, vel tudjeenyn ayd?
(hey wun-ya vel tujeenun ed)
Hey man, do you have any cigarettes?

arran
bread

**Punt as nuy ping
as feed y paggad.
Red erbee elley?**
*(punt az nuh-ee ping
az feed uh paggud
rud uh bee el-ya)*
£1.29 per packet.
Anything else?

SHEE
(PEACE)

awree
soup

braagyn
shoes

oohyn
(*oo*-un)
eggs

praaseyn
(*præ*zun)
potatoes

PRAASEYN

noiridyn
(*nor*idun)
oranges

mynoashyryn
(min*aw*zhurun)
socks

Lessoon Shiaght   SY ÇHAPP

Cur dou *(kur dow)*	-	Give me
Punt	-	A pound
Poagey *(paw-ga)*	-	A bag
Bwilleen dy arran	-	A loaf of bread
Stainney *(stæn-ya)*	-	A tin
Beggan dy	-	A little bit of
Beggan dy hugyr	-	A bit of sugar
Kuse dy *(k-yoos duh)*	-	A few

Numbers 1 and 2 are followed by singular nouns but the rest by plurals.

Un ooyl - One apple   **Tree ooylyn** - Three apples

Vel ... ayd? *(ed)*	-	Do you have…? (familiar/sing.)
Vel ... eu? *(eh-oo)*	-	Do you have…? (polite/plural)

CLIAGHTEY – PRACTICE

Say and translate these sentences

By vie lhiam stainney dy vraddan	
Cur dou punt dy eeym	
By vie lhiam daa phunt dy phraasyn	
My sailliu	
Vel bainney ayd?	
Vel ooylyn eu?	
Red erbee elley?	

Answer yes or no to these questions:

By vie lhiat bainney?	
Vel tudjeen ayd?	
By vie lhiat arran?	
Vel eeym eu?	

28

Lessoon Hoght
(Lesson 8)

SY VALLEY
(In the Town)

1 Ta shin goll magh noght.
We're going out tonight.

Thie
(tie)
House

2 By vie lhiat goll gys y thie-jalloo?
(buh vy I-yat gul gus uh tie jaloo)
Would you like to go to the cinema?

Cha's aym.
(ha sem)
I don't know.

3 Gow-shiu my leshtal, c'raad ta'n thie-jalloo?
(gow shoo muh leshchal, cræd tan tie jaloo)
Excuse me, where is the cinema?

Mygeayrt y chorneil.
(mageert uh cornayl)
Around the corner.

4
By vie lhiam cappan dy hey nish.
(buh vy I-yam cavan duh hay nish)
I would like a cup of tea now.

Agh by vie lhiams goll shooyl!
(akh buh vy I-yams gul shool)
But I'd like to go walking!

29

Ta'n thie-jalloo cooyl ny shappyn. Ta'n lioarlann er y çheu hoshtal as ta'n Oik Postagh er y çheu yesh.

(tan tie jaloo cool nuh shappun tan l-yorlun air uh chow hoshchal az tan eek postakh air uh chow yesh)

The cinema's behind the shops. The library is on the left hand side and the Post Office is on the right.

7

Cre'n traa t'eh goaill toshiaght?
(kren træ tay gaw-il tozhakh)
What time does it start?

Ec shiaght er y chlag.
(eg shakh air uh khlag)
At 7 o'clock.

8

Quoid ta tiggad costal?
(kwud ta tiggud costul)
How much does a ticket cost?

Daa phunt y pheesh.
£2 each.

By vie lhiam daa higgad.
(buh vy l-yam dæ higgud)
I'd like 2 tickets.

Lessoon Hoght   SY VALLEY

Quoid ta... *(kwud ta)*	-	How much is...?
C'raad ta... *(kræd ta)*	-	Where is...?
Cappan dy hey *(<u>ka</u>van duh hay)*	-	A cup of tea
Thie-jalloo	-	Cinema
Lioarlann *(<u>l-yor</u>lun)*	-	Library
Oik Postagh *(eek <u>poh</u>stakh)*	-	Post Office
Y çheu hoshtal	-	The left side
(uh <u>cha</u>-oo <u>hosh</u>chal)		
Y çheu yesh	-	The right side
Cooyl *(koo<u>l</u>)*	-	Behind
Goaill toshiaght *(<u>ga</u>wil <u>tozh</u>akh)*	-	Starting
Premmee	-	Toilet
Gow my leshtal	-	Excuse me (familiar)
(gow muh <u>lesh</u>chal)		
Gow shiu my leshtal	-	Excuse me (plural, polite)
(gow shoo muh <u>lesh</u>chal)		

To make it more emphatic, you can add an 's' on to the word **lhiam**.

By vie lhiams	-	*I* would like

CLIAGHTEY – PRACTICE

Say and translate these sentences

Ta shin shooyl noght	
Cha's aym	
Gow my leshtal	
Cre'n traa t'eh?	
Quoid ta bwilleen dy arran?	
Quoid ta poagey dy phraaseyn?	
Quoid ta cappan dy hey?	
C'raad ta'n Oik Postagh?	
C'raad ta'n lioarlann?	
C'raad ta'n premmee?	

Lessoon Nuy
(Lesson 9)

OBBYR
(Work)

1 C'raad t'ou gobbragh?
(cræd tow govrakh)
Where do you work?

billey
(bil-ya)

Ta mee gobbragh syn thie-obbree.
I work in the factory.

2 Ta mee geddyn kiare feed as jeih punt y çhiaghtin.
(ta mee gethin k-yair feed az jy punt y chakhtin)
I get £90 a week.

orçh
rubbish

soieag
seat

3 Vel monney sleih gobbragh ayns shen?
(vel monna sly govrakh uns shen)
Do many people work there?

Ta, daa cheead.
(tæ, dæ kheed)
Yes, 200.

moddey
(mawtha)

4 C'raad t'ou goll nish?
Where are you going now?

Ta mee goll dy-valley.
(ta mee gul duh val-ya)
I'm going home.

32

5

Cre ta shen?
What's that?

Shen yn Wheeyl Vooar.
That's the Laxey Wheel.

6

Vel eh foast goll?
Does it still go?

Nish as reesht.
Now and again.

7

Agh ta'n veain leoaie dooint nish.
(akh tan vayn luh-ee doonch nish)
But the lead mine's closed now.

Oh dy jarroo?
Oh indeed?

8

Ta'n moddey goll dy-valley nish!
The dog's going home now!

Ta mish goll dy-valley neesht, slane lhiat.
(ta mish gul duh val-ya n-yees, sledn l-yat)
I'm going home too, goodbye.

Lessoon Nuy   OBBYR

Gobbragh *(govrakh)*	-	Working
Geddyn *(gethin)*	-	Getting
Shiaghtin *(shakhtin)*	-	Week
Sy çhiaghtin *(suh chakhtin)*	-	Per week
Sleih *(sly)*	-	People
Fer *(fur)*	-	Person
Thie-obbree *(tie obree)*	-	Factory
Sy/syn *(suh/sun)*	-	In the
Keead	-	100
Tree feed	-	60
Dy-valley *(duh val-ya)*	-	Homewards
Cre ta shen?	-	What is that?
Dooint *(doonch)*	-	Closed
Foast *(fohs)*	-	Still, yet
T'ou aighoil *(tah-oo ay-ohl)*	-	You're lucky
Dy jarroo *(duh jaroo)*	-	Indeed
Moddey *(mawtha)*	-	Dog
Ta mish	-	*I* am (emphatic form)
Nish as reesht *(nish az reesh)*	-	Now and again
Slane lhiat *(sledn l-yat)*	-	Goodbye

CLIAGHTEY – PRACTICE

Say and translate these sentences

T'ee gobbragh	
T'eh foast goll	
Ta mee geddyn keead punt	
Ta mish gobbragh	
Cre ta shen?	
Shen yn moddey	
T'eh goll dy-valley	
C'raad t'ou gobbragh?	

Lessoon Jeih
(Lesson 10)

SY THIE-BEE
(In the Restaurant)

1 **By vie lhiu anjeeal?**
Would you like breakfast?

**Cha by vie, ommidan!
T'eh tree er y chlag syn 'astyr!**
No, you fool! It's 3 o'clock in the afternoon!

2 **As cha mie lhiam tey. By vie lhiam caffee.**
And I don't like tea. I would like coffee.

Cappan
(*kavan*)

3

Jalloo

Cha nel y caffee aarloo foast.
(*ha nel uh kaffee urloo fohs*)
The coffee isn't ready yet.

4

Cha nel eh aarloo! Cha nel shin çheet gys shoh reesht!
(*ha nel ay urloo ha nel shin chit gus shaw reesh*)
It's not ready? We're not coming here again!

5

Cha mie lhiam arran as eeym, as cha mie lhiam berreen, as…
I don't like bread and butter, and I don't like cake, and…

6

1. shugyr
2. meilley
3. spein
4. pibbyr
5. sollan
6. podjal

Cha mie lesh awree as cha mie lhieu arran-greddan as…
He doesn't like soup and they don't like toast and…

7 **Nagh mie lhiat veg?**
(nakh my l-yat vegg)
Don't you like anything?

Cha mie lhien. Cha nel shin gee ayns shoh.
(ha my l-yin ha nel shin gee uns shaw)
No. We're not eating here.

8

Ta shin faagail nish. Ta shin goll gys y thie-oast.
We're going now. We're going to the hotel.

Lessoon Jeih

SY THIE-BEE

S'mie lhiam	(smy l-yam)	-	I like
S'mie lhiat	(smy l-yat)	-	You like
S'mie lesh	(smy lesh)	-	He likes
S'mie lhee	(smy l-yee)	-	She likes
S'mie lhien	(smy l-yin)	-	We like
S'mie lhiu	(smy l-yoo)	-	You like
S'mie lhieu	(smy l-yow)	-	They like

Mie lhiat? - Do you like?

Mie lesh? - Does he like?

Nagh mie lhiat – Don't you like?

Cha mie lhiam - I don't like

Cha mie lhien - We don't like

By vie lhiam	(buh vy l-yam)	-	I would like
By vie lhien	(buh vy l-yin)	-	We would like

Anjeeal	-	Breakfast	Foast (fohs) -	Yet/still
Gee	-	Eating	Tey (tay) -	Tea
Ommidan	-	Fool	Reesht (reesh) -	Again
Veg	-	Nothing/anything	Faagail (feg-ayl) -	Leaving
Syn 'astyr	-	In the afternoon	Berreen -	Cake
Arran-greddan		Toast	Aarloo (urloo) -	Ready

CLIAGHTEY – PRACTICE

Say and translate these sentences

By vie lhiat tey?	
Nagh mie lhiat tey?	
By vie lhiam tey	
S'mie lhiam tey	
Ta mee aarloo nish	
Cha nel mee aarloo foast	
Cha mie lesh veg	
Ta mee gee nish	

Lessoon Nane-jeig
(Lesson 11)

Y CORP AS EADDAGH
(The Body and Clothing)

kione
(k-yown)
head

stroin
(strawn)
nose

cleaysh
(cleesh)
ear

feeacklyn
teeth

roih
(ry)
arm

scoarnagh
throat

laue
hand

bolg
belly

fo-hroosyn
underpants

folt
hair

sooill
eye

beeal
mouth

keeagh
breast

rumbyl
skirt

thoyn
(tohn)
bottom

lurgey
leg

cass
foot

speckleyryn
(speklairun)

faasaag
(fazæg)
beard

mynoashyr
(minawzher)
sock

carvat
tie

jaggad
jacket

cullee
suit

lheiney
(l-yayn-ya)
shirt

troosyn
trousers

braag
shoe

cooat mooar
overcoat

goon
dress

oanrey
petticoat

Ta laue aym.
(ta la-oo em)
I have a hand.

Ta lurgey eck.
She has a leg.

Ta piob vooar aym.
(ta peeb voor em)
I have a big pipe.

Ta troosyn echey.
(ta troozun egga)
He has trousers.

Cha nel rumbyl eck as cha nel lheiney echey.
She hasn't got a skirt and he hasn't got a shirt.

Cha nel keeayll erbee ayd.
(ha nel keel uh bee ed)
You have no sense.

thie-lhionney
(tie l-yonna)
pub

meshtallagh
(meshchalakh)
drunkard

Cha nel lurgaghyn ain.
(ha nel lur-gakh-un ine)
We have no legs.

Lessoon Nane-jeig   Y CORP AS EADDAGH

There is no verb 'to have' in Manx. To say you have something, you say it is 'at' you using the format: **Ta … ec …**

E.g.   **Ta penn ec Juan** – Juan has a pen. *(Lit. There is a pen at Juan.)*

Ta eaddagh aym	*(ta ethakh em)*	-	I have clothes.
Ta eaddagh ayd	*(ta ethakh ed)*	-	You have clothes.
Ta eaddagh echey	*(ta ethakh egga)*	-	He has clothes.
Ta eaddagh eck	*(ta ethakh ek)*	-	She has clothes.
Ta eaddagh ain	*(ta ethakh ine)*	-	We have clothes.
Ta eaddagh eu	*(ta ethakh eh-oo)*	-	You (pl) have clothes.
Ta eaddagh oc	*(ta ethakh ok)*	-	They have clothes.

Vel cooat ayd? *(vel koo-ut ed)*   -   Do you have a coat?

YES – **Ta** *(tair)*
NO – **Cha nel** *(ha nel)*

CLIAGHTEY – PRACTICE
Say and translate these sentences

Ta folt aym	
Cha nel cooat mooar aym	
Vel lheiney ayd?	
Vel keeayll ayd?	
Ta kione mooar echey	
Ta piob echey	
Vel cullee echey?	
Cha nel feeacklyn ain	

Lessoon Daa-yeig
(Lesson 12)

SYN OIK-PHOSTAGH
(In the Post Office)

1 **Quoid ta lioar dy chowraghyn costal?**
How much is a book of stamps?

Daa phunt as lieh-cheead ping.
(dæ funt az l-yay kheed ping)
Two pounds and fifty pence.

2 **Nod shiu cur dou cowrey shey ping as feed as cowrey daa phing as feed.**
Can you give me a 26p stamp and a 22p stamp.

3 **As vel cowrey jeih ping eu?**
And do you have a 10p stamp?

fuirraght
waiting

4

Vel mee ayns traa son y phost?
Am I in time for the post?

mmm... ta.
mmm... tæ
mmm. yes.

screeuyn
letter

5

Vel ny cowraghyn shoh kiart?
Are these stamps correct?
Ta.
(tair)
Yes.

6

Ta ny cowraghyn mooarey shen aalin.
Those big stamps are beautiful.

7

Vel red ennagh aggairagh?
(vel riden-yakh agairakh)
Is something wrong?

poagey
(pawga)
bag

Cha nel cowrey er y screeuyn shoh!
There's no stamp on this letter!

8

Y nah fer!
Next.

Mish!
Me!

Mish!
Me!

Lessoon Daa-yeig   SYN OIK-PHOSTAGH

Feed	-	20
Jeih as feed	-	30
Daeed	-	40
Lieh-cheead	-	50
Tree feed	-	60
Tree feed as jeih	-	70
Kiare feed	-	80
Kiare feed as jeih	-	90
Keead	-	100

> *Notice how the Manx counting system is based on twenties:*
>
> *20* **Feed** = twenty
> *30* **Jeih as feed** = ten and twenty
> *40* **Daeed** – from **daa** + **feed** = two twenties
> *50* **Jeih as daeed** = ten and two twenties
> *60* **Tree feed** = three twenties
> *70* **Tree feed as jeih** = three twenties and ten
> *80* **Kiare feed** = four twenties
> *90* **Kiare feed as jeih** = four twenties and ten

Lioar *(l-yor)*	- Book	Aalin	- Beautiful
Cowrey *(kow-ra)*	- A stamp	Y nah	- The next
Ayns *(uns)*	- In	Aggairagh	- Wrong
Ayns traa *(uns træ)*	- In time	Y nah fer *(un ah fur)*	- The next person
Son	- For	Mish	- Me *(emphatic)*
Kiart *(k-yart)*	- Right/correct	Screeuyn *(skroo-un)*	- A letter

Yn cowrey shoh - This stamp   **Ny cowraghyn shoh** - These stamps
Yn cowrey shen - That stamp   **Ny cowraghyn shen** - Those stamps

Adjectives can be plural if the noun is plural: just add –ey:
cowrey mooar = a big stamp   **cowraghyn mooarey** = big stamps

CLIAGHTEY – PRACTICE
Say and translate these sentences

Quoid ta clouag?	
Quoid ta'n lioar shoh?	
Cur dou yn screeuyn shen	
Vel lioar cowraghyn ayd?	
Vel mee ayns traa?	
Vel shen kiart?	
Cre ta aggairagh?	

Lessoon Tree-jeig
(Lesson 13)

EC Y CHAYLEE
(At the Cèilidh)

1 Tar royd, ta'n kaylee goaill toshiaght ec hoght er y chlag.
Come on, the cèilidh starts at 8 o'clock.

Ta'n boayl lane.
(tan bawl ledn)
The place is full.

Bare lhiam jough.
I'd prefer a drink.

2 S'mie lhiam kayleeyn, hooin roin!
I like cèilidhs, let's go!

Bannee mee ta'n jough deyr!
O dear, the drink's expensive!

3 Cha nod oo daunsey, agh foddee oo paagey!
(ha nod oo _down_za akh _futhee_ oo _pææqa_)
You can't dance but you can kiss!

cubbyl

4 Ta'n kaylee shoh feer vie.
This cèilidh is very good.

By vie lhiat daunsey?
Would you like to dance?

5
Cha noddym daunsey arragh.
(ha nothim <u>downsa</u> <u>a</u>-rakh)
I can't dance anymore.

Lhig dooin geddyn jough eisht.
Let's get a drink then.

6
Oh gow my leshtal whooinney!
Vel oo dy mie?
(oh gow muh <u>leshcha</u>l <u>wun</u>-ya vel
oo duh my)
Oh excuse me yussa, are you OK?

7
Share lhieu daunsey.
(share l-yeh-oo <u>down</u>za)
They prefer dancing.

Share lhien giu.
(share l-yin g-yoo)
We prefer drinking.

8
Bee jough elley ayd?
Will you have another drink?

Bee dy jarroo, gura mie ayd.
Yes indeed. Thank you.

glonney
(<u>glon</u>-ya)
glass

45

Lessoon Tree-jeig EC Y CHAYLEE

Tar royd! *(tar road)*	-	Come on! *(Lit. come before you.)*	
Bannee mee!	-	Oh dear! *(Lit. Bless me.)*	
Boayl *(ball)*	-	Place	
Lane *(led-n)*	-	Full	**Share lhiam** – I prefer
Jough *(jawkh)*	-	A drink	**Share lhiat** – You prefer
Deyr *(dur)*	-	Expensive	**Share lesh** – He prefers
Daunsey (<u>down</u>-za)	-	A dance/dancing	**Share lhee** – She prefers
Paag *(pæg)*	-	A kiss	**Share lhien** – We prefer
Paagey (<u>pæ</u>-ga)	-	To kiss	**Share lhiu** – You (pl) prefe
Arragh	-	Any more	**Share lhieu** – They prefer
Goym pynt	-	I'll have a pint	
Hooin roin!	-	Let's go! *(Lit. to us before us.)*	

Foddym – I can
Foddee oo – You can
Foddee eh – He can
Foddee ee – She can
Fodmayd – We can
Foddee shiu – You (pl) can
Foddee ad – They can

Nod oo? – Can you?
Nod oo/eh/ee/shiu/ad?
Nodmayd? – Can we?

Cha noddym – I cannot
Cha nod oo/eh/ee/shiu/ad
Cha nodmayd – We cannot

CLIAGHTEY – PRACTICE

Say and translate these sentences

Ta'n boayl lane	
Bee jough elley ayd?	
Ta'n boayl shoh deyr	
Cha noddym daunsey	
Share lhiam giu	
Vel yn jough mie?	
Nod oo çheet noght?	
Cha nod ee goll	

Lessoon Kiare-jeig EC Y YIENSE
(Lesson 14) (At the Party)

1 **Ta shin er jeet gys y yiense.**
(ta shin air jit gus uh yins)
We have come to the party.

Failt erriu, tar-shiu stiagh.
(falch eroo tar shoo schakh)
Welcome, come in.

2 **Vel shiu kiart er ghoaill toshiaght?**
(vel shoo k-yart air ghaw-il tozhakh)
Have you just started?

Ren mish goaill toshiaght sy voghree!
I started in the morning!

3 **Cre'n aght ren shiu çheet?**
(kren ash ren shoo chit)
How did you come?

Er y varroose.
(air uh varoos)
On the bus.

4 **By vie lhiat bee?**
Would you like some food?

Ta mee er nee dy liooar, gura mie ayd.
(ta mee air nee duh l-yoor gura my ed)
I've eaten enough, thanks.

5

Ren ad giu rour.
(ren ad g-yoo rowr)
They drunk too much.

T'ad scooyrit.
They're drunk.

6

Ta graih aym ort.
(ta gry em ort)
I love you.

T'ou er-meshtey neesht.
(tow air meshcha n-yees)
You're drunk too.

7 **Un jough elley roish my jem, er lhiam.**
(un jawkh el-ya rohsh muh jem air l-yam)
One more drink before I go, I think.

Verrym heiss dhyt erash.
(verrim hice dut air ash)
I'll give you a lift back.

8 **Ta Gaelg feer vie ayd.**
(ta gilg fee vy ed)
You speak very good Manx.

Yn eayst
(uhn ayst)

Cha nel mee agh gynsaghey.
(ha nel mee akh ginzakha)
I'm only learning.

Lessoon Kiare-jeig EC Y YIENSE

Giense *(g-yins)*	-	Party
Kiart *(k-yart)*	-	Just
Cre'n aght *(kren ash)*	-	How *(Lit. What way.)*
Dy liooar *(dull yoor)*	-	Enough
Rour *(rowr)*	-	Too much
Scooyrit *(skoorit)*	-	Drunk
Er-meshtey *(air mesh-cha)*	-	Drunk
Neesht *(n-yis)*	-	Too, also
Ta graih aym ort	-	I love you *(Lit. love is at me on you.)*
Roish *(rohsh)*	-	Before
Roish my jem	-	Before I go
Er lhiam	-	I think
Verrym	-	I will give
Heiss *(hice)*	-	A lift (in car etc.)
Gynsaghey *(ginzakha)*	-	Learning

THE PERFECT TENSE

To form the Perfect Tense you use the Present Tense of the verb 've' 'to be' followed by the word 'er' then the main verb. The main verb has to be LENITED (see appendix). A small number of verbs take a different sort of mutation called NASAL MUTATION. If the command form of the verb begins with a vowel or f-, prefix n.

Goaill toshiaght *(gaw-il tozhakh)*	-	To start
Ee!	-	Eat!
Iu!	-	Drink!
Ta mee er ghoaill toshiaght	-	I have started
Ta mee er nee	-	I have eaten
Ta mee er niu	-	I have drunk

Some useful irregular ones to learn:

Ta mee er n'gholl *(ta mee air null)*	-	I have gone **(goll)**
Ta mee er jeet *(ta mee air jit)*	-	I have come **(çheet)**
Ta mee er nakin	-	I have seen **(fakin)**
Ta mee er nyannoo	-	I have done **(jannoo)**

Lessoon Kiare-jeig EC Y YIENSE

PAST-TENSE

This is easy as you can just use the verb 'jannoo' 'to do' and say 'I did come'.

Ren mee – I did

Ren oo – You did

Ren eh – He did

Ren ee – She did

Ren shin – We did

Ren shiu – You did

Ren ad – They did

Ren mee? – Did I?

Ren oo? – Did you?

Cha ren mee – I didn't

Cha ren oo – I didn't

Ren mee gee – I ate *(Lit. I did eat)*

Ren mee gynsaghey – I learnt *(Lit. I did learn)*

Ren oo giu – Did you drink?

Cha ren ee gee – She didn't drink

A small number of verbs have their own special ways of forming the Past Tense. (See appendix.)

E.g.

Hie mee – I went

Haink mee – I came

CLIAGHTEY – PRACTICE

Say and translate these sentences

Vel oo er ghoaill toshiaght foast?	
Ta mee er nee dy liooar	
T'ou er niu rour	
Ta graih aym ort	
Cha nel mee agh gynsaghey	
Haink shin er y varroose	
Ren eh giu rour?	
Cha ren mee goll gys y chaylee	

50

Lessoon Queig-jeig EC Y TT
(Lesson 15)   (At the TT)

1

S'mie lhiam shiaghtin y TT.
I like TT week.

roar-bree

2 **Ta mee kinjagh jeeaghyn er y TT, ta ny ratçhyn feer ghreesee.**
I always watch the TT, the races are very exciting.

Ta shin goll dy yeeaghyn orroo jiu.
We are going to watch them today.

3

Cha mie lhiam y TT.
I don't like the TT.

Ta ny roaryn-bree feer feiyral as feer ghaueagh.
(ta nu rawrun fee fyral az fee ghowakh)
The motorbikes are very noisy and very dangerous.

4

Jeeagh ersyn! T'eh goll feer happee!
(jeekh airsun tay gul fee havee)
Look at him! He's going very fast!

T'eh goll ro happee!
He's going too fast!

5

Cha nel, t'eh geearree cosney.
(ha nel tay geeree kozna)
No, he wants to win.

Cha noddym jeeaghyn!
I can't look!

6

Ta mee bunnys ec y jerrey nish.
I'm nearly at the end now.

queeyl
wheel

boyn
(bown)
tyre

7

T'eh er chosney!
(tay air khozna)
He's won!

brattagh
(brathakh)

Va shen geyre.
(va shen geer)
That was close.

8

Shen eh nish derrey'n vlein shoh çheet.
(shen ay nish derran vleedn shaw chit)
That's it now until next year.

Ta lught ny roaryn-bree ooilley goll dy-valley nish.
All the bikers are going home now.

Lessoon Queig-jeig EC Y TT

THE PRESENT TENSE

To talk about what you usually do, 'I begin', 'I go' etc., you need to use the FUTURE TENSE *of the verb* 'Ve' *'to be', followed by the verbal noun.*

Bee'm	-	I will be	**Bee'm?**	-	Will I be?	
Bee oo	-	You will be	**Bee oo?**	-	Will you be?	
Bee eh	-	He will be				
Bee ee	-	She will be	**Cha bee'm**	-	I won't be	
Beemayd	-	We will be	**Cha bee oo**	-	You won't be	
(bee-muj)						
Bee shiu	-	You *(pl)* will be				
Bee ad	-	They will be	**Nagh bee'm?**	-	Won't I be?	

Bee'm goll magh gagh Jemayrt   -   I go out every Tuesday
Bee ad fakin ad dy mennick   -   They see them often

Ratçh	-	Race	**Tappee** (<u>tah</u>-vee)	-	Fast
Roar-bree	-	Motorbike	**Ro happee**	-	Too fast
Shiaghtin	-	Week	**Cosney** (<u>koz</u>na)	-	Winning
Dy kinjagh	-	Always	**Bunnys**	-	Nearly, almost
Greesee	-	Exciting	**Boyn** (bown)	-	Tyre, heel
Feiyral	-	Noisy	**Derrey**	-	Until
Gaueagh	-	Dangerous	**Geyre** (geer)	-	Close, sharp
Ro ...	-	Too ...	**Gagh**	-	Each, every

CLIAGHTEY – PRACTICE
Say and translate these sentences

Bee'm fakin Moirrey gagh shiaghtin	
Bee eh çheet er y varroose?	
Va shen geyre!	
T'ee cosney	
Cha beemayd goll gys y TT	
T'ad goll ro happee	
S'mie lhiam y TT	

Lessoon Shey-jeig
(Lesson 16)

ER Y ÇHEER
(In the country)

1   **Hemmayd magh sy ghleashtan mairagh er y çheer.**
We'll go out in the car in the country tomorrow.

Jig eshyn?
Will he come?

Hig.
Yes (he will).

2

booa
cow

rea
ram

keyrrey
(*kur-a*)

Hee'm kirree ayns shen.
I'll see sheep there.

Naik?
(*nak*)
Will you?

Hee'm.
Yes.

3

billey
(*bil-ya*)
tree

slieau
(*sl-yoo*)
mountain

Heemayd sleityn, keylljyn as loghyn.
(*heemuj slayjun keljun az lokhun*)
We'll see mountains, woods and lakes.

4   **Nee'm lhie fo'n ghrian ayns magher.**
(*nim ly fohn ghreean uns mahr*)
I will lie in the sun in a field.

Hed yn erinagh ass e cheeayll!
(*hed uhn air-in-yakh ass uh kheel*)
The farmer will go mad!

54

5

Cha nel mee geearree shooyl monney mairagh.
I don't want to walk much tomorrow.

Ny mish noadyr.
Nor me neither.

6

Jig ish marin?
(jig ish mair-in)
Will she come with us?

Cha jig, atreih.
No, alas.

7

Lhig dooin drappal seose Sniaul.
(lig dun drapal soos shn-yæl)
Let's climb up Snaefell.

8 **Cuin higmayd gys y vullagh?**
When will we come to the top?

Cha bee eh feer foddey nish, ta mee shickyr.
It won't be long now, I'm sure.

Lessoon Shey-jeig   ER Y ÇHEER

THE FUTURE TENSE

Verbs have special forms for the future, but most can be formed easily by using the future tense of the verb 'jannoo', 'to do'. E.g.

Nee'm jeeaghyn	-	I will look *(Lit. I will do looking)*
Jean oo jeeaghyn?	-	Will you look? *(Lit. Will you do looking?)*
Cha jeanym jeeaghyn	-	I will not look *(I will not do looking)*

The verb 'jannoo' 'to do'		
Nee'm	-	I will do
Nee oo	-	You will do
Nee eh	-	He will do
Nee ish	-	She will do
Neemayd	-	We will do
Nee shiu	-	You (pl) will do
Nee ad	-	They will do

To say 'I will not do' just put 'cha' in front of the question form: 'cha jeanym' etc.

Jeanym?	-	Will I do?
Jean oo?	-	Will you do?
Jean eh?	-	Will he do?
Jean ee?	-	Will she do?
Jeanmayd?	-	Will we do?
Jean shiu?	-	Will you (pl) do?
Jean ad?	-	Will they do?

Here are some special future forms (See appendix)		
Hem	-	I will go
Higgym	-	I will come
Jig oo?	-	Will you come?
Hee'm	-	I will see
Naik oo?	-	Will you see?
Cha naikym-		I will not see

Keyrrey (*kura*)	-	Sheep *(Singular)*
Kirree	-	Sheep *(Plural)*
Mairagh	-	Tomorrow
Mullagh	-	Top, summit
Foddey	-	Long, far
Cuin? (*koon*)	-	When?
Marish (*mair-ish*)	-	(Along) with
Marym, mayrt, marish, maree, marin, mariu, maroo	-	With me, you, him, her, us, you (pl), them

CLIAGHTEY – PRACTICE

Say and translate these sentences

Higgym mayrt nish	
Hee'm oo mairagh	
Hem er y varroose	
Nee ad shooyl gys Doolish	
Jig oo gys y thie-lhionney?	

Lessoon Shiaght-jeig
(Lesson 17)

SY ÇHAMYR-SOIE
(In the Sitting Room)

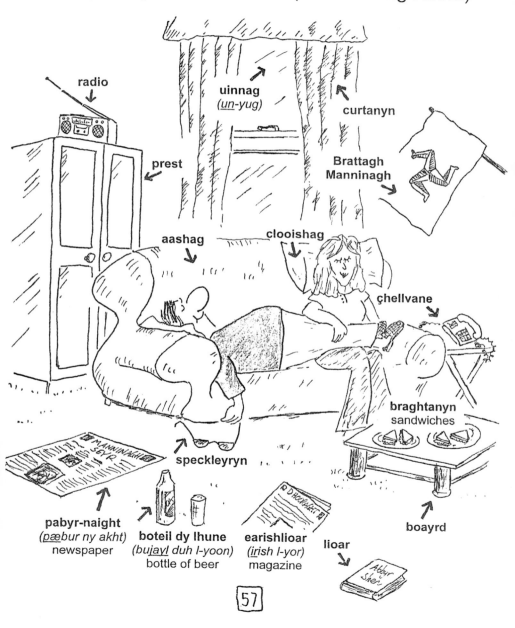

radio

uinnag
(*un*-yug)

curtanyn

prest

Brattagh
Manninagh

aashag

clooishag

çhellvane

braghtanyn
sandwiches

speckleyryn

pabyr-naight
(*pæbur ny akht*)
newspaper

boteil dy lhune
(*bujayl* duh l-yoon)
bottle of beer

earishlioar
(*irish* l-yor)
magazine

lioar

boayrd

57

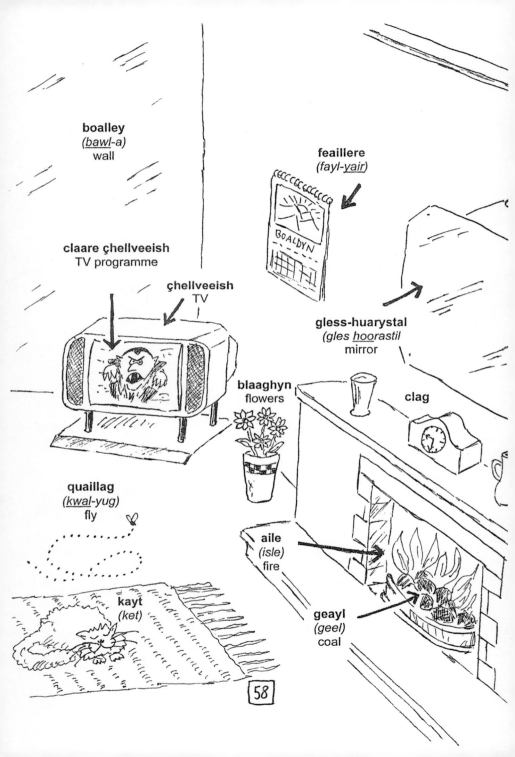

boalley
(bawl-a)
wall

feaillere
(fayl-yair)

claare çhellveeish
TV programme

çhellveeish
TV

BOALDYN

gless-huarystal
(gles hoorastil
mirror

blaaghyn
flowers

clag

quaillag
(kwal-yug)
fly

aile
(isle)
fire

kayt
(ket)

geayl
(geel)
coal

58

Lessoon Shiaght-jeig SY ÇHAMYR-SOIE

Quoi t'er y çhellveeish noght?	-	Who is on the television tonight?
- She Brian Stowell t'er y çhellveeish noght.	-	Brian Stowell is on the television tonight.
C'raad ta'n pabyr-naight? (ny-akht)	-	Where is the newspaper?
- Ta'n pabyr-naight er y laare	-	The newspaper is on the floor.
C'red (kirrid) t'ayns y phabyr?	-	What is in the paper?
- Naight!	-	News!

CLIAGHTEY – PRACTICE

Freggyr ny feyshtyn shoh - Answer these questions

C'raad ta'n kayt?	
Cre ta'n ven jannoo er yn aashag?	
C'raad ta 'Dhooraght'?	
Vel moain er yn aile?	
Vel cappan er y voayrd?	
Nagh vel yn aile braew?	
C'raad ta'n brattagh Manninagh?	
Vel yn dooinney scooyrit?	
Vel daa laue echey?	
Vel ad er nee foast?	
Vel yn kayt gee?	
C'red t'eh jeeaghyn er?	
Bee ad goll gys y lhiabbee?	
Vel fys ayd?	
Vel Gaelg vie ayd?	

Grammeydys

Grammar

Ceaghley Toshee

Initial Mutation

In Manx, there are two types of mutation. The first is Aspiration, and the second is called Nasal Mutation and is quite rare.

The table below shows the changes that occur in Aspirate Mutation.

Ennalaghey

Start letter	Changes to...	Start letter	Changes to...
b	v	gi	yi
c, k	ch	j*	y
çh*	h	m	v
d*, dh*	gh	p	ph
f	'	s, sh	h
g	gh	t*, th*	h

The table below shows the changes that occur in Nasal Mutation.

Stronnaghys

Start letter	Changes to...	Start letter	Changes to...
b	m	g	ng
c, k	g	j	ny, n'y
d, dh	n, n'gh	p	b
f	v	t, th	d

Taghyrtyn Ceaghley

Occurrences of Mutation

There are many rules for Mutation, and they are often applied inconsistently so don't worry too much about them at first.

Enhalaghey *Aspiration*

1) After *my, dty, e, ny (my, your, his, in his)* e.g. *My hie (thie)* = My house.
2) Adjectives after singular feminine nouns. E.g. *Ben veg (beg)*
3) Past and Conditional tense of regular verbs. Mutate the stem for the past tense form. E.g. *jeeaghyn* = looking, stem = *jeeagh*. Past Tense – *yeeagh mee* = I looked. Conditional Tense – *yeeaghin* = I would look.
4) After the words *drogh, ro, daa, feer (bad, too, two, very)* e.g. *feer vie (mie)* = Very good.
5) People's names in the genitive case. E.g. *Mac Yuan (Juan)* = John's son. *Mac Voirrey (Moirrey)* = Mary's son.
6) Adjectives after plurals that have a vowel change or change from -agh to -ee. E.g. *kiyt vooarey* = big cats, *Manninee vooarey* = big Manxmen.
7) Adjectives after collective nouns. E.g. *mooinjer veggey* = little people.
8) The relative future e.g. *Y cabbyl chosnys* = The horse that will win.
9) When addressing people, the vocative case. (Now fairly rare) E.g. *Charrey veen (carrey)* = dear friend.

These rules do not include the letters marked with an *.

10) Feminine nouns after the word 'the'. E.g. *Y ven (ben)* = The woman.
11) Nouns after the number *un* and all the ordinal numbers. E.g. *un vee (mee)* = one month, *yn chied vee* = the first month.
12) Words after *shenn (old)*. E.g. *shenn ven (ben)* = an old woman.
13) Masculine nouns in the genetive case, e.g. *ennym y chronk* = the name of the hill.

Words beginning with 's' undergo these changes in these situations:

Start letter	Changes to...	Start letter	Changes to...
s	t	sh	çh
sl	cl	str	tr

1) When a masculine noun is in the genitive singular. E.g. *daah y tollan (sollan)* = the colour of the salt.
2) When a feminine noun comes after the word 'the'. E.g. *y tooill (sooill)* = the eye.
3) When a masculine or feminine singular noun comes after a preposition and the article, e.g. *er y tollan (sollan)* = on the salt, *er y tooill (sooill)* = on the eye.

Stronnaghys   *Nasalization*

1) After *nyn* e.g. *nyn dhie (thie)* = Our/your/their house.
2) Sometimes after *er*. *Teh er daghyrt* = It has happened.
3) In the dependent future of regular verbs. E.g. *Kionnaghey* = to buy, *Cha gionnee ad* = They will not buy.

Earrooyn

1	-	Nane	11	-	Nane-jeig
2	-	Jees	12	-	Daa-yeig
3	-	Tree	13	-	Tree-jeig
4	-	Kiare	14	-	Kiare-jeig
5	-	Queig	15	-	Queig-jeig
6	-	Shey	16	-	Shey-jeig
7	-	Shiaght	17	-	Shiaght-jeig
8	-	Hoght	18	-	Hoght-jeig
9	-	Nuy	19	-	Nuy-jeig
10	-	Jeih.	20	-	Feed

There are different forms of the numbers 1 and 2 for counting things:

E.g.
Un oor – 1 hour
Daa oor – 2 hours

When using the numbers 11 – 19, remember that the noun goes where the dash is and that **un** is used instead of **nane**.
E.g.
Un thie jeig = 11 houses
Tree thieyn jeig = 13 houses

100	-	Keead
1000	-	Thousane

21	-	Nane as feed	60	-	Tree feed
22	-	Jees as feed	61	-	Tree feed as nane
30	-	Jeih as feed	70	-	Tree feed as jeih
31	-	Nane-jeig as feed	71	-	Tree feed as nane-jeig
40	-	Daeed	80	-	Kiare feed
41	-	Nane as daeed	81	-	Kiare feed as nane
50	-	Jeih as daeed	90	-	Kiare feed as jeih
51	-	Nane-jeig as daeed	91	-	Kiare feed as nane-jeig

Time

Cre'n traa t'eh? – What time is it?

It's one o'clock	-	T'eh nane er y chlag
It's two o'clock	-	T'eh jees er y chlag
It's three o'clock	-	T'eh tree er y chlag
It's four o'clock	-	T'eh kiare er y chlag
It's five o'clock	-	T'eh queig er y chlag
It's six o'clock	-	T'eh shey er y chlag
It's seven o'clock	-	T'eh shiaght er y chlag
It's eight o'clock	-	T'eh hoght er y chlag
It's nine o'clock	-	T'eh nuy er y chlag

2.30 Teh lieh-oor lurg jees

3.15 Teh kerroo-oor lurg tree

7.45 Teh kerroo gys hoght

5.02 Teh daa vinnid lurg queig

11.20 Teh feed minnid lurg nane-jeig

8.40 Teh feed minnid gys nuy

Minnid – minute

Munlaa – midday

Mean-oie *[mayn ee]* – midnight

Sy voghree *[suh voree]* – In the morning

Syn 'astyr *[sun yaster]* – In the afternoon/evening

Gys *[gus]* – to

Lurg – past/after

Lieh-oor *[l-yay oor]* – half an hour

Kerroo - quarter

Marenmyn as Rovreearyn

Adjectives and Adverbs

In Manx, the adjective usually follows the noun:

> **Thie mooar** = A big house (house big)

When an adjective follows a feminine noun it should be mutated.

> **Dooinney beg** = A little man (masculine)
> **Ben veg** = A little woman (feminine)

Some adjectives have special forms when they follow plural nouns.
They usually involve ading **–ey**.

> **Mooinjer veggey (beg)** = The Fairies *(The Little Folk)*
> **Laghyn seyrey (seyr)** = Holidays *(Free days)*
> **Thieyn mooarey (mooar)** = Big houses

A very small number of adjectives come before the noun.

> **Shenn ven** = An old woman
> **Drogh laa** = A bad day

Adjectives can be made into adverbs simply by putting **dy** before them.

> **Gleashtan tappee** = A fast car
> **Roie eh dy tappee** = He ran fast

Sometimes, when the adjective begins with a vowel an 'h' is prefixed to it.

> **Ben aalin** = A beautiful woman
> **Loayr ee dy haalin** = She spoke beautifully

Feyshtyn

Questions

WHERE IS/ARE **C'raad ta:**
C'raad ta mee nish? - Where am I now?

WHERE WAS/WERE **C'raad va:**
C'raad v'ou jea? - Where were you yesterday?

HOW **Kys:**
Kys ren oo shen? – How did you do that?
Kys t'ou? – How are you?

WHAT **Cre:**
Cre ta shen? – What's that?
Cre'n ennym t'ort? – What's your name?

WHEN **Cuin:**
Cuin hie oo? – When did you go?
Cuin vees eh çheet? – When will he come?

HOW MUCH/HOW MANY **Quoid:**
Quoid ta shoh? – How much is this?
Quoid gleashtan t'ayd? – How many cars do you have?
Quoid dy chloan t'ayd? – How many children do you have?

WHY **Cre'n fa:** *[kren fair]*
Cre'n fa ta shin fuirraght? – Why are we waiting?

WHO **Quoi:** *[kway]*
Quoi shen? – Who's that?
Quoi va'n ven shen? – Who was that woman?

Breearyn

Verbs

The basic form of a verb is the stem, and is usually the same as the IMPERATIVE or command form. The stem is used to form all the different tenses.

Trog eh – lift it, **Jeeagh!** – look!

THE PRESENT TENSE

This is formed by using the verb 'to be' and a VERB NOUN.

Ta mee jeeaghyn – I am looking/I look
Vel oo jeeaghyn? – Are you looking?

I am	Ta mee	Am I?	Vel mee?	I am not	Cha nel mee
You are	T'ou	Are you?	Vel oo?	You are not	Cha nel oo
He/she is	T'eh/T'ee	Is he/she?	Vel eh/ee?	He/she is not	Cha nel eh/ee
We are	Ta shin	Are we?	Vel shin?	We are not	Cha nel shin
You are	Ta shiu	Are you?	Vel shiu?	You are not	Cha nel shiu
They are	T'ad	Are they?	Vel ad?	They are not	Cha nel ad

THE IMPERFECT TENSE

The Imperfect is formed in the same way using the Past Tense of the verb 'to be'.

Va mee jeeaghyn – I was looking

I was	Va mee	Was I?	Row mee?	I was not	Cha row mee
You were	V'ou	Were you?	Row oo?	You were not	Cha row oo
He/she was	V'eh/V'ee	Was he/she?	Row eh/ee?	He/she was not	Cha row eh/ee
We were	Va shin	Were we?	Row shin?	We were not	Cha row shin
You were	Va shiu	Were you?	Row shiu?	You were not	Cha row shiu
They were	V'ad	Were they?	Row ad?	They were not	Cha row ad

THE PAST TENSE

The Past Tenses can be formed in two ways. The older, more difficult way is to mutate (Aspiration) the stem of the verb:

Yeeagh mee – I looked
Cha yeeagh mee – I didn't look
Yeeagh oo? – Did you look?

The easier and more common way is to use 'to do' as an auxiliary verb.:

Ren mee jeeaghyn – I looked *(I did looking)*
Cha ren mee jeeaghyn – I didn't look
Ren oo jeeaghyn? – Did you look?

THE FUTURE TENSE

The Future Tense of the verb 'to be' is as follows:

I will be	Bee'm	Will I be?	Bee'm?	I will not be	Cha bee'm
You will be	Bee oo	Will you be?	Bee oo?	You will not be	Cha bee oo
He/she will be	Bee eh/ee	Will he/she be?	Bee eh/ee?	He/she will not be	Cha bee eh/ee
We will be	Beemayd	Will we be?	Beemayd?	We will not be	Cha beemayd
You will be	Bee shiu	Will you be?	Bee shiu?	You will not be	Cha bee shiu
They will be	Bee ad	Will they be?	Bee ad?	They will not be	Cha bee ad

Bee'm ayns shen – I'll be there
Bee eh feayr? – Will it be cold?

To form Future Tenses of other verbs the verb 'to do' can be used again:

Nee'm jeeaghyn – I will look *(I will do looking)*
Cha jeanym jeeaghyn – I will not look *(I will not do looking)*
Jean oo jeeaghyn? – Will you look? *(Will you do looking)*

Breearyn Reiltagh

Regular Verbs

The **independent** form is the statement.	e.g.	**Faagym** – I will leave
The **dependent** form is the question		**Naag oo?** – Will you leave?
And with **cha** before it is the negative.		**Cha naagmayd** – We will not leave

*Verbs that start with **f**, or a vowel.* **Faagail** – To leave

	FUTURE		PAST
	INDEPENDENT	DEPENDENT	INDEPENDENT AND DEPENDENT
I	Faagym	Naagym	Daag mee
you	Faagee oo	Naag oo	Daag oo
he/she	Faagee eh/ee	Naag eh/ee	Daag eh/ee
we	Faagmayd	Naagmayd	Daag shin
you/they	Faagee shiu/ad	Naag shiu/ad	Daag shiu/ad

*Verbs that start with **f**, or a vowel and have **–agh-** in their verbal nouns.*
Follaghey – To hide

	FUTURE		PAST
	INDEPENDENT	DEPENDENT	INDEPENDENT AND DEPENDENT
I	Folleeym	Nolleeym	Dollee mee
you	Follee oo	Nollee oo	Dollee oo
he/she	Follee eh/ee	Nollee eh/ee	Dollee eh/ee
we	Folleemayd	Nolleemayd	Dollee shin
you/they	Follee shiu/ad	Nollee shiu/ad	Dollee shiu/ad

*Verbs that have **–agh-** in their verbnouns.* **Kionnaghey** – To buy

	FUTURE		PAST
	INDEPENDENT	DEPENDENT	INDEPENDENT AND DEPENDENT
I	Kionneeym	Gionneeym	Chionnee mee
you	Kionnee oo	Gionnee oo	Chionnee oo
he/she	Kionnee eh/ee	Gionnee eh/ee	Chionnee eh/ee
we	Kionneemayd	Gionneemayd	Chionnee shin
you/they	Kionnee shiu/ad	Gionnee shiu/ad	Chionnee shiu/ad

Breearyn Meereiltagh

Irregular Verbs

VERBNOUN	FUTURE		PAST	
	INDEPENDENT	DEPENDENT	INDEPENDENT	DEPENDENT
Jannoo *(do)*	Nee'm *(I)* Nee oo, eh etc. Neemayd *(we)*	Jeanym Jean oo, eh etc. Jeanmayd	Ren mee, oo, eh, ee, shin, shiu, ad	Ren mee, etc.
Goll *(go)*	Hem Hed oo, eh etc. Hemmayd	Jem *(I)* Jed oo, eh etc. Jemmayd *(we)*	Hie mee, etc.	Jagh mee, etc.
Çheet *(come)*	Higgym Hig oo, eh etc. Higmayd	Jiggym Jig oo, eh etc. Jigmayd	Haink mee, etc.	Daink mee, Etc.
Cur *(give/put)*	Verrym Ver oo, eh etc. Vermayd	Derrym Der oo, eh etc. Dermayd	Hug mee, etc.	Dug mee, etc.
Fakin *(see)*	Hee'm Hee oo, eh etc. Heemayd	Naikym Naik oo, eh etc. Naikmayd	Honnick mee, etc.	Naik mee, etc.
Geddyn *(get)*	Yioym Yiow oo, eh etc. Yiowmayd	Noym Now oo, eh etc. Nowmayd	Hooar mee, etc.	Dooar mee, Etc.
Gra *(see)*	Jirrym Jirr oo, eh etc. Jirmayd	Niarrym Niar oo, eh etc. Niarmayd	Dooyrt mee, etc.	Dooyrt mee, Etc.

YES AND NO

In Manx, you must answer with the verb used in the question:

Vel oo skee? – Ta (Yes), Cha nel (No)
Ren oo shooyl? – Ren (Yes), Cha ren

Ylraghyn as yn Art

Plurals and the Article

Plurals are formed in many different ways in Manx. The most common way of forming a plural is by adding *–yn*. Here are some other examples of how plurals are formed:

Thie (house)	**Thieyn**	**Paitçhey** (child)	**Paitçhyn**
Billey (tree)	**Biljyn**	**Bunney** (sheaf)	**Bunneeyn**
Braar (brother)	**Braaraghyn**	**Caggey** (war)	**Caggaghyn**
Manninagh (Manxman)	**Manninee**	**Claddagh** (river bank)	**Claddeeyn**

THE ARTICLE

The Manx word for 'the' is basically *yn*.

Yn kione = The head

However, in speech and in writing the *yn* is often shortened to *y* before a consonant.

Y kione = The head

It is kept as *yn* before words beginning with a vowel.

Yn ooyl = The apple

When the article comes after a word ending with a vowel, it is shortened to *'n.* Note that it does not matter whether the following word begins with a vowel or not.

Ta'n ooyl beg = The apple is small
Cur eh da'n dooinney = Give it to the man

Roie-ocklyn

Prepositions

In Manx, simple prepositions combine with pronouns to make single words:

er (on) + mee (me) = orrym (on me)

This table shows the most common prepositions:

	Er (on)	Lesh (with)	Ec *[egg]* (at)	Da *[dair]* (to)
Me	orrym	lhiam *[l-yam]*	aym *[em]*	dou *[da-oo]*
You	ort	lhiat *[l-yat]*	ayd *[ed]*	dhyt *[dut]*
Him	er	lesh	echey *[egga]*	da *[dair]*
Her	urree	lhee *[l-yee]*	eck	jee
Us	orrin	lhien *[l-yin]*	ain *[ah-in]*	dooin *[dun]*
You	erriu *[erroo]*	lhiu *[l-yoo]*	eu *[eh-oo]*	diu *[dee-oo]*
Them	orroo	lhieu *[l-yair-oo]*	oc	daue *[dair-oo]*

Here are some idioms involving prepositions:

S'mie lesh – like
S'mie lhiam tey –I like tea

Share lesh - prefer
Share lhiam caffee – I prefer coffee

Ta ... ec – have
Ta argid aym – I have money

Ta fys aym – I know

Ta accrys orrym – I am hungry
Ta aggle orrym – I am afraid

Cur da - give
Cur dou yn lioar shen – Give me that book

Enmyn veih
Shennaghys Vannin

Names from Manx History

In Chronological order.

Ree Gorree *(King Orree, Godred Crovan)*
Viking who defeated the Manx at the Battle of Skyhill in 1079 and established the Kingdom of the Isles, i.e. Mann and the Western Isles of Scotland.

Illiam Dhone
Manx patriot who raised a militia army of Manxmen during the English Civil War and fought to keep the Isle of Man's traditions and independence.

Bishop Philips
John Philips, a Welshman, became bishop of Sodor and Mann in 1605 and translated the Prayer Book into Manx. This remains the earliest extant example of the Manx language although it was not published until 1893-4. His spelling system was different from that in use today and was influenced by Welsh.

Bishop Wilson and Bishop Hildesley
Bishop Wilson translated the gospel of St. Matthew in 1748. Hildesley took over from Wilson and in 1775 the whole Bible, Yn Vible Chasherick, was published. The spelling system of this Bible is that which is in use today.

Mona Douglas

Nationalist devoted to Manx dancing, music and language. She founded Yn Chruinnaght, the Island's annual Inter-Celtic festival of music and dance. She also collected a lot of traditional folk songs and tunes.

The Collecters

Doug Fargher, Walter Clarke, Mark Braide and Leslie Quirk collected recordings of the last native speakers of the Manx Language in the 1950s.

Ned Maddrell

Last native speaker of Manx. He lived at Cregneash and died in 1974. Many people visited him to learn Manx and thus ensure an unbroken linguistic tradition.

Arrane Ashoonagh

National Anthem

O Halloo nyn ghooie
[Oh halloo nun noo-ee]
O'Chliegeen ny s' bwaaie
[Oh khlejeen nus bway-ee]
Ry gheddyn er ooir aalin Yee
[Ri ghethin er oor airlin yee]
Ta dt' Ardstoyl Reill-Thie
[Ta durd stole rail tie]
Myr Baarool er ny hoie
[mur ba-rool er nuh high]
Dy reayll shin ayns seyrsnys as shee.
[Duh reel shin uns sersnus az shee]

Literal Translation

Oh our native land,
Oh gem most pretty,
That is to be found on God's beautiful earth.
Your throne of home rule
As Barroole is set
To keep us in freedom and peace.

Enmyn Ynnyd

Placenames

Here are the Manx names for some places in the Isle of Man.

Andreas	-	**Skyll Andreays**
Ballasalla	-	**Balley Sallagh**
Castletown	-	**Balley Chashtal**
Cregneash	-	**Creneash**
Douglas	-	**Doolish**
Foxdale	-	**Forsdal**
Kirk Michael	-	**Skylley Maayl**
Laxey	-	**Laksey**
Maughold	-	**Skyll Maghal**
Onchan	-	**Kione Droghad**
Peel	-	**Purt ny hInshey**
Port Erin	-	**Purt Çhiarn**
Port St. Mary	-	**Purt le Moirrey**
Ramsey	-	**Rhumsaa**
Ronaldsway	-	**Roonysvaie**

Here are some other words that you might see:

Ard	–	High	Balley	–	Town
Bayr	–	Road	Beg	-	Little
Cashtal	–	Castle	Claddagh	–	Riverbank
Creg	–	Rock	Cummal	–	Residence
Curragh	–	Marsh	Ellan	–	Island
Keeill	–	Church	Lhiargagh	–	Slope
Logh	–	Lake	Magher	–	Field
Mooar	–	Big	Poyll	–	Pool
Raad	–	Road	Reayrt	–	View
Skeerey	–	Parish	Skylley	–	Parish

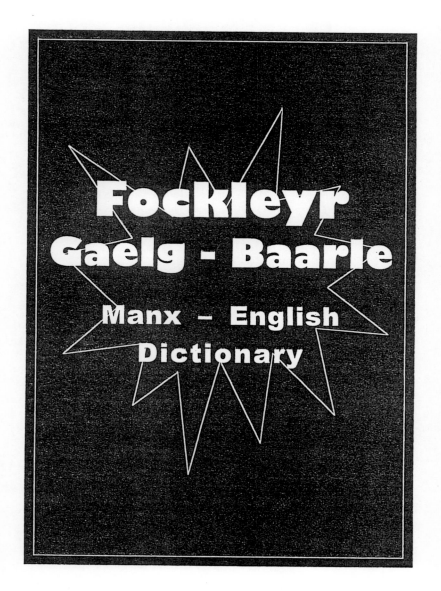

Fockleyr
Gaelg - Baarle

Manx – English
Dictionary

A

aalin - beautiful
aarloo - ready
aashag - sofa
aer - air
aggairagh - wrong
agglagh - awful
agh - but
aile - fire
ain - at us
anjeeal - breakfast
anmagh - late
arragh - any more
arran - bread
arran-greddan - toast
as - and
ass - out off
ass-e-cheeayll - mad
atreih - alas
awree - soup
ayd - at you (sing.)
aym - at me
ayns - in
ayns shen - there
ayns shoh - here

B

bainney - milk
balley - town
bannaghtyn - greetings/blessings
bannee mee! - bless me!
bare lhiam - I would prefer
barroose - bus
bee - food
beeal - mouth
bee'm - I will be
ben - woman
Ben-Vanninagh - Manxwoman
berreen - cake
billey - tree
blaa - flower
blah - warm
blein - year

boalley - wall
boayl - place
boayrd - table
boayrd steabyn - dart board
bodjal - cloud
bodjallagh - cloudy
bolg - belly
booa - cow
boteil - bottle
boyn - heel/tyre
boynyn - tyres
braag - shoe
braddan - salmon
braew - fine
braghtan - sandwich
brattagh - flag
bunnys - nearly/almost
bwaagh - pretty
bwilleen - loaf
by vie lhiam - I would like
by vie lhiat? - would you like?

C

caair - chair
caashey - cheese
caayl - cabbage
caffee - coffee
cappan - cup
carradj - carrot
carrey - friend
carvat - tie
cass - foot
ceau - throwing/wearing
cha nel mee - I am not
cha noddym - I cannot
cha's aym - I don't know
çheer - country
çheet - coming
çheh - hot
çhellvane - telephone
çhellveeish - television
çheu - side
çheu hoshtal - left side
çheu yesh - right side

claare - programme
clag - clock
cleaysh - ear
clooishag - cushion
clouag - stamp
cooat - coat
cooat mooar - overcoat
cooyl - back/behind
corneil - corner
corran bwee - banana
cosney - winning/earning
costal - costing
c'raad? - where?
cre - what
cre'n aght? - how?
Creneash - Cregneash
cubbyl - couple
cuin? - when?
cullee - suit
cur - giving/putting
curtan - curtain

D

da - to/for
daa - two
daa-yeig - twelve
daunsey - dancing
derrey - until
deyr - expensive
dhyt - to you (sing.)
diu - to you (pl)
dooinney - man
dooint - closed
dorrys - door
dou - to me
drappal - climb
dty - your (sing.)
dy - of
dy jarroo - indeed
dy kinjagh - always
dy liooar - enough
dy mie - alright
dy-valley - home(wards)

E

earishlioar - magazine
eayst - moon
echey - at him
eck - at her
edd - hat
eeym - butter
eisht - then
elley - another/other
emshyr - weather
er - on
er - on/on him
er y chlag - o'clock
erash - back
erbee - any
erinagh - farmer
er-meshtey - drunk
erriu - on you (pl.)
ersooyl - away
eu - at you (pl)

F

faagail - leaving
faasaag - beard
failt - welcome
fascadagh - umbrella
fastyr - evening/afternoon
feayr - cold
feeacklyn - teeth
feed - twenty
feer - very
feiyral - noisy
fliaghey - rain
foast - still/yet
foddey - far
foddym - I can
fo-hroosyn - underpants
folt - hair
foshlit - open/opened
fuirraght - waiting
fy-yerrey hoal - at long last

G

Gaelg - Manx Language
galloon - gallon
gaueagh - dangerous
geayl - coal
geddyn - getting
gee - eating
geearree - wanting
geinnagh - sand
giense - party
giu - drinking
gleashtan - car
gless-huarystal - mirror
glonney - glass
goaill - taking
goaill toshiaght - starting
gobbragh - working
goll - going
goon - dress
gow my leshtal - excuse me (sing.)
gowmayd - we will take
gow-shiu my leshtal - excuse me (pl)
graih - love
graney - ugly
greesee - exciting
grian - sun
grian - sun
gura mie ayd - thank you (sing.)
gura mie eu - thank you (pl)
gynsaghey - learning
gys - to

H

hee'm - I will see
heiss - lift
hemmayd - we will go
hene - self
hoght - eight
hoght-jeig - eighteen

J

jaagh - smoke
jaggad - jacket
jalloo - picture
jeeaghyn er - watching/looking at
jees - two
jeih - ten
jerrey - end
jig eh? - will he come?
jingan - jam
jiu - today
jough - drink

K

kaylee - cèilidh
kayt - cat
keayn - sea
keead - hundred
keeagh - breast
keeayll - sense
keyll - forest
keyrrey - sheep
kiare - four
kiare-jeig - fourteen
kiart - right/correct
kione - head
kishtey - box
kuse - a few
kys - how

L

Laksey - Laxey
lane - full
laue - hand
leoaie - lead
lessoon - lesson
lheiney - shirt
lhiabbee - bed
lhiannagyn-praase - crisps
lhiat - with you

lhie - lying
lhien - with us
lhig dooin - let us
lhuishag - blanket
lhune - beer
lhune - beer
lieh - half
lieh-cheead - fifty
lioar - book
lioarlann - library
logh - lake
lught ny roaryn-bree - bikers
lurgey - leg

M

magh - out
magher - field
mairagh - tomorrow
Manninagh - Manx/Manxman
marin - with us
marish - with/with him
meain - mine
meilley - bowl
meoiryn shee - police
meshtallagh - drunkard
mie - good
mish - me (emphatic)
moddey - dog
moghey - early
moghree - morning
moghrey - morning
monney - much
mooar - big
mullagh - top
my sailliu - please (pl.)
my saillt - please (sing.)
mygeayrt - around
mynoashyr - sock

N

na - nor
nah - second/next

nane - one
nane-jeig - eleven
neen - girl/daughter
neesht - too/also
niaght - news
nish - now
nish as reesht - now and again
noadyr - neither
nod shiu? - can you?
noght - tonight
nuy - nine
nuy-jeig - nineteen
ny - the (pl)

O

oanrey - petticoat
oasteyr - landlord
obbyr - work
oc - at them
oie - night
Oik Postagh - Post Office
ooh - egg
ooill - oil
ooilley - all
ooreyder - watch
ooyl - apple
oranje - orange
orçh - rubbish
orrin - on we
orroo - on them
orrym - on me
ort - on you

P

pabyr - paper
pabyr-niaght - newspaper
paggaid - packet
pedryl - petrol
pemmad - pavement
pheesh, y - each
ping - penny
piob - pipe

pishyryn - peas
poagey - bag
podjal - jug
post - post
praase - potato
prest - wardrobe
punt - pound
pynt - pint

Q

quaillag - fly
queeyl - wheel
queig - five
queig-jeig - fifteen
quoid? - how many?

R

raad - road/way
radio - radio
ram - lots
ratçh - race
rea - ram
red - thing
red ennagh - something
red erbee - anything
reesht - again
ren - did
Rhumsaa - Ramsey
roar-bree - motorbike
roih - arm
roish - before
rour - too much
rumbyl - skirt

S

scoarnagh - throat
scooyrit - drunk
screeuyn - letter
seose - up

shamyr - room
shapp - shop
share lhiam - I prefer
she - yes/it is
sheeabin - soap
sheese - down
shen - that
shen - that
shey - six
shey-jeig - sixteen
shiaght - seven
shiaghtin - week
shiaght-jeig - seventeen
shickyr - sure
shirrey - seeking
shoh - this
shooyl - walking
shugyr - sugar
singil - single
skeoigh - snug
slane lhiat - bye (sing.)
sleih - people
slieau - mountain
s'mie lhiam - I like
soieag - seat
sollagh - dirty
sollan - salt
son - for
sooill - eye
speckleyryn - glasses
spein - spoon
stainney - tin
stiagh - in (to)
stoyl - stool
stroin - nose
sy - in the

T

ta - yes
ta graih aym ort - I love you
ta mee - I am
ta shin - we are
ta shiu - you (pl) are
tannaghtyn - staying

tappee - fast
tar royd! - come on!
t'eh - he/it is
tey - tea
thie - house
thie-jalloo - cinema
thie-lhionney - pub
thie-oast - hotel/pub
thoyn - bottom
tiggad - ticket
t'ou - you are
traa - time
traie - beach
tree - three
tree-jeig - thirteen
trooid - through
trooid! - come!
troosyn - trousers
trustyr - rubbish
tudjeen - cigarette

U

uinnag - window
urree - on her
ushtey - water

V

veg - anything/nothing
vel eh? - is he?
vel mee? - am I?
vel oo? - are you? (sing.)
verrym - I will give

W

whooinney! - yussa!
y/yn - the

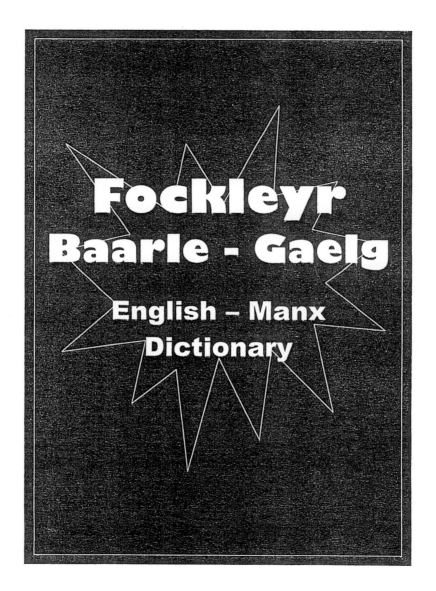

Fockleyr Baarle - Gaelg

English – Manx
Dictionary

A

afternoon - fastyr
again - reesht
air - aer
alas - atreih
all - ooilley
almost - bunnys
alright - dy mie
also - neesht
always - dy kinjagh
am I? - vel mee?
and - as
any - erbee
any more - arragh
anything - red erbee, veg
apple - ooyl
are you? (sing.) - vel oo?
arm - roih
around - mygeayrt
at her - eck
at him - echey
at long last - fy-yerrey hoal
at me - aym
at them - oc
at us - ain
at you (pl) - eu
at you (sing.) - ayd
away - ersooyl
awful - agglagh

B

back - cooyl
back(wards) - erash
bag - poagey
banana - corran bwee
beach - traie
beard - faasaag
beautiful - aalin
bed - lhiabbee
beer - lhune
beer - lhune
before - roish

behind - cooyl
belly - bolg
big - mooar
bikers - lught ny roaryn-bree
blanket - lhuishag
bless me! - bannee mee!
blessings – bannaghtyn
book - lioar
bottle - boteil
bottom - thoyn
bowl - meilley
box - kishtey
bread - arran
breakfast - anjeeal
breast - keeagh
bus - barroose
but - agh
butter - eeym
bye (sing.) - slane lhiat

C

cabbage - caayl
cake - berreen
can you? - nod shiu?
car - gleashtan
carrot - carradj
cat - kayt
ceilidh - kaylee
chair - caair
cheese - caashey
cigarette - tudjeen
cinema - thie-jalloo
climb - drappal
clock - clag
closed - dooint
cloud - bodjal
cloudy - bodjallagh
coal - geayl
coat - cooat
coffee - caffee
cold - feayr
come on! - tar royd!
come! - trooid!
coming - çheet

corner - corneil
correct - kiart
costing - costal
country - çheer
couple - cubbyl
cow - booa
Cregneash - Creneash
crisps - lhiannagyn-praase
cup - cappan
curtain - curtan
cushion - clooishag

D

dancing - daunsey
dangerous - gaueagh
dart board - boayrd steabyn
daughter - neen
did - ren
dirty - sollagh
dog - moddey
door - dorrys
down - sheese
dress - goon
drink - jough
drinking - giu
drunk - er-meshtey
drunk - scooyrit
drunkard - meshtallagh

E

each - y pheesh
ear - cleaysh
early - moghey
earning - cosney
eating - gee
egg - ooh
eight - hoght
eighteen - hoght-jeig
eleven - nane-jeig
end - jerrey
enough - dy liooar

evening - fastyr
exciting - greesee
excuse me (pl) - gow-shiu my leshtal
excuse me (sing.) - gow my leshtal
expensive - deyr
eye - sooill

F

far - foddey
farmer - erinagh
fast - tappee
few, a - kuse
field - magher
fifteen - queig-jeig
fifty - lieh-cheead
fine - braew
fire - aile
five - queig
flag - brattagh
flower - blaa
fly - quaillag
food - bee
foot - cass
for – son, da
forest - keyll
four - kiare
fourteen - kiare-jeig
friend - carrey
full - lane

G

gallon - galloon
getting - geddyn
girl - neen
giving - cur
glass - glonney
glasses - speckleyryn
going - goll
good - mie
greetings - bannaghtyn

H

hair - folt
half - lieh
hand - laue
hat - edd
he is - t'eh
head - kione
heel - boyn
here - ayns shoh
home(wards) - dy-valley
hot - çheh
hotel - thie-oast
house - thie
how - kys
how many? - quoid?
how? - cre'n aght?
hundred - keead

I

I am - ta mee
I am not - cha nel mee
I can - foddym
I cannot - cha noddym
I don't know - cha's aym
I like - s'mie lhiam
I love you - ta graih aym ort
I prefer - share lhiam
I will be - bee'm
I will give - verrym
I will see - hee'm
I would like - by vie lhiam
I would prefer - bare lhiam
in - ayns
in (to) - stiagh
in the - sy
indeed - dy jarroo
is he? - vel eh?
it is - t'eh

J

jacket - jaggad
jam - jingan
jug - podjal

L

lake - logh
landlord - oasteyr
late - anmagh
Laxey - Laksey
lead - leoaie
learning - gynsaghey
leaving - faagail
left side - çheu hoshtal
leg - lurgey
lesson - lessoon
let us - lhig dooin
letter - screeuyn
library - lioarlann
lift - heiss
loaf - bwilleen
looking at - jeeaghyn er
lots - ram
love - graih
lying - lhie

M

mad - ass-e-cheeayll
magazine - earishlioar
man - dooinney
Manx Language - Gaelg
Manx/Manxman - Manninagh
Manxwoman - Ben-Vanninagh
me (emphatic) - mish
milk - bainney
mine - meain
mirror - gless-huarystal
moon - eayst
morning - moghrey

motorbike - roar-bree
mountain - slieau
mouth - beeal
much - monney

N

nearly - bunnys
neither - noadyr
news - niaght
newspaper - pabyr-niaght
next - nah
night - oie
nine - nuy
nineteen - nuy-jeig
noisy - feiyral
nor - na
nose - stroin
nothing - veg
now - nish
now and again - nish as reesht

O

o'clock - er y chlag
of - dy
oil - ooill
on - er
on her - urree
on him - er
on me - orrym
on them - orroo
on we - orrin
on you - ort
on you (pl.) - erriu
one - nane
open - foshlit
orange - oranje
other - elley
out - magh
out off - ass
overcoat - cooat mooar

P

packet - paggad
paper - pabyr
party - giense
pavement - pemmad
peas - pishyryn
penny - ping
people - sleih
petrol - pedryl
petticoat - oanrey ,
picture - jalloo
pint - pynt
pipe - piob
place - boayl
please (pl.) - my sailliu
please (sing.) - my saillt
police - meoiryn shee
post - post
Post Office - Oik Postagh
potato - praase
pound - punt
pretty - bwaagh
programme - claare
pub - thie-lhionney, thie-oast
putting - cur

R

race - ratç̧h
radio - radio
rain - fliaghey
ram - rea
Ramsey - Rhumsaa
ready - aarloo
right side - ç̧heu yesh
right - kiart
road - raad
room - shamyr
rubbish - orç̧h, trustyr

S

salmon - braddan
salt - sollan
sand - geinnagh
sandwich - braghtan
sea - keayn
seat - soieag
second - nah
seeking - shirrey
self - hene
sense - keeayll
seven - shiaght
seventeen - shiaght-jeig
sheep - keyrrey
shirt - lheiney
shoe - braag
shop - shapp
side - çheu
single - singil
six - shey
sixteen - shey-jeig
skirt - rumbyl
smoke - jaagh
snug - skeoigh
soap - sheeabin
sock - mynoashyr
sofa - aashag
something - red ennagh
soup - awree
spoon - spein
stamp - clouag
starting - goaill toshiaght
staying - tannaghtyn
still - foast
stool - stoyl
sugar - shugyr
suit - cullee
sun - grian
sun - grian
sure - shickyr

T

table - boayrd
taking - goaill
tea - tey
teeth - feeacklyn
telephone - çhellvane
television - çhellveeish
ten - jeih
thank you (pl) - gura mie eu
thank you (sing.) - gura mie ayd
that - shen
that - shen
the - y/yn
the (pl) - ny
then - eisht
there - ayns shen
thing - red
thirteen - tree-jeig
this - shoh
three - tree
throat - scoarnagh
through - trooid
throwing - ceau
ticket - tiggad
tie - carvat
time - traa
tin - stainney
to – gys, da
to me - dou
to you (pl) - diu
to you (sing.) - dhyt
toast - arran-greddan
today - jiu
tomorrow - mairagh
tonight - noght
too much - rour
too - neesht
top - mullagh
town - balley
tree - billey
trousers - troosyn
twelve - daa-yeig
twenty - feed
two - daa
two - jees

tyre - boyn

U

ugly - graney
umbrella - fascaadagh
underpants - fo-hroosyn
until - derrey
up - seose

V

very - feer

W

waiting - fuirraght
walking - shooyl
wall - boalley
wanting - geearree
wardrobe - prest
warm - blah
watch - ooreyder
watching - jeeaghyn er
water - ushtey
way - raad
we are - ta shin
we will go - hemmayd
we will take - gowmayd
wearing - ceau
weather - emshyr
week - shiaghtin
welcome - failt
what - cre
wheel - queeyl
when? - cuin?
where? - c'raad?
will he come? - jig eh?
window - uinnag
winning - cosney
with - marish, lesh

with him - lesh, marish
with us - marin, lhien
with you - mayrt, lhiat
woman - ben
work - obbyr
working - gobbragh
would you like? - by vie lhiat?
wrong - aggairagh

Y

year - blein
yes – ta, she
yet - foast
you (pl) are - ta shiu
you are - t'ou
your (sing.) - dty
yussa! - whooinney!